Nuestros sentidos

EL OLFATO

Kay Woodward

Please visit our web site at: www.garethstevens.com
For a free color catalog describing Gareth Stevens Publishing's
list of high-quality books and multimedia programs, call
1-800-542-2595 (USA) or 1-800-387-3178 (Canada).
Gareth Stevens Publishing's fax: (414) 332-3567.

Library of Congress Cataloging-in-Publication Data

Woodward, Kay.
   [Smell. Spanish]
   El olfato / Kay Woodward.
      p. cm — (Nuestros sentidos)
   Includes index.
   ISBN 0-8368-4415-7 (lib. bdg.)
   1. Smell—Juvenile literature.   I. Title.
QP458.W6518   2005
612.8'6—dc22   2004052574

This North American edition first published in 2005 by
Gareth Stevens Publishing
A World Almanac Education Group Company
330 West Olive Street, Suite 100
Milwaukee, Wisconsin 53212 USA

This U.S. edition copyright © 2005 by Gareth Stevens, Inc.
Original edition copyright © 2005 by Hodder Wayland.
First published in 2005 as *Smell* by Hodder Wayland, an
imprint of Hodder Children's Books, a division of Hodder
Headline Limited, 338 Euston Road, London NW1 3BH, U.K.

Commissioning Editor: Victoria Brooker
Book Editor: Katie Sergeant
Consultant: Carol Ballard
Picture Research: Katie Sergeant
Book Designer: Jane Hawkins
Cover: Hodder Children's Books

Gareth Stevens Editor: Barbara Kiely Miller
Gareth Stevens Designer: Kami Koenig
Gareth Stevens Translators: Tatiana Acosta and
                            Guillermo Gutiérrez

Printed in China

1 2 3 4 5 6 7 8 9 09 08 07 06 05

Picture Credits
Alamy: 9 (Christa Knijff/Royalty-Free); Corbis: imprint page, 18
(Philippe Eranian), 4 (Norbert Schaefer), 5 (O'Brien Productions/
Kevin Cozad), 7 (James Leynse), 8 (Saba/Najlah Feanny), 12
(Sygma/Baumgartner Olivia), 13 (Walter Hodges), 15 (Massimo
Mastrorillo), 17 (Paul A. Souders), 19 (Kennan Ward); Getty
Images: cover (Taxi/Dana Edmunds), 10 (White Packert), 14
(Photographer's Choice), 20 (The Image Bank/Luis Castaneda, Inc.),
21 (Stone/Rosemary Calvert); Shout: 16 (John Callan); Wayland
Picture Library: title page, 11, 22, 23 (both). The artwork on page
6 is by Peter Bull.

Información sobre la autora

Kay Woodward es una experimentada autora de libros
infantiles que ha escrito más de veinte obras de ficción
y no ficción.

Información sobre la consultora

Carol Ballard es una coordinadora de escuela
elemental especializada en ciencias. Ha escrito
muchos libros infantiles y asesora a varias editoriales.

CONTENIDO

Las palabras en **negrita** aparecen en el glosario.

¡OLORES POR TODAS PARTES!

El mundo está lleno de **olores**. Diferentes cosas huelen de distinta manera. El pan y las galletas recién horneados y las flores huelen bien. Los huevos podridos y la basura tienen un olor desagradable.

Nuestro **sentido** del **olfato** nos permite percibir los asombrosos olores que nos rodean. Usamos la nariz para **oler**. También usamos la nariz para respirar. El aire y los olores entran a la nariz por unos agujeros llamados **fosas nasales**.

CÓMO FUNCIONA TU NARIZ

Los olores viajan por el aire y entran a tu nariz. Desde tu nariz, se envía información sobre los olores a tu cerebro, el cual los **identifica**. Así es como hueles las cosas.

Así es una nariz por dentro.

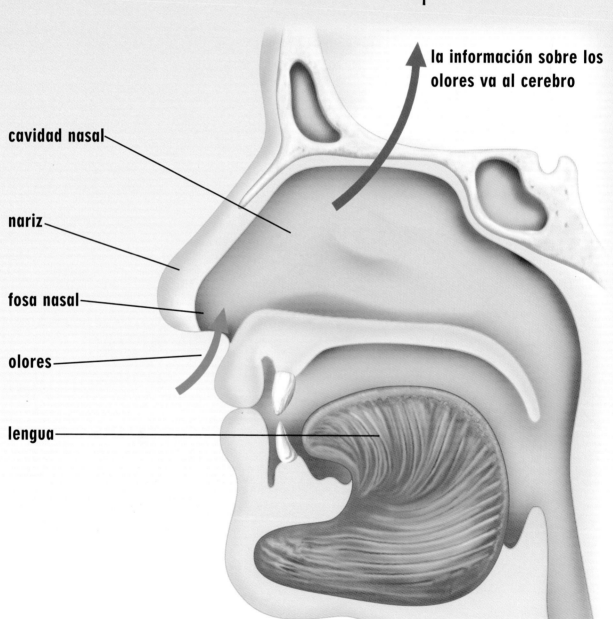

la información sobre los olores va al cerebro

cavidad nasal

nariz

fosa nasal

olores

lengua

Para oler mejor, puedes **olisquearlo** profundamente. Mientras más te acerques algo a la nariz, más fuerte será su olor.

OLORES AGRADABLES

La mayoría de los alimentos tienen un olor tan delicioso que te dan ganas de comer. Las pizzas, las palomitas de maíz y las naranjas huelen bien. El chile tiene un olor picante. El chocolate caliente tiene un olor dulce.

Al aire libre, puedes percibir olores fascinantes. Los árboles, las plantas y las flores tienen olores agradables. El océano tiene un olor salado. El aire fresco tiene un olor puro y limpio.

DISTINTOS OLORES

Cada persona es diferente, y lo mismo pasa con nuestro sentido del olfato. Nos gusta el olor de algunas cosas, y no nos gusta el olor de otras.

El olor del pescado no le gusta a todo el mundo.

A algunas personas les gusta el olor de las fresas.
A otras podría gustarles el olor de las cebollas.
¿Qué olores te gustan a ti?

OLER SIN PROBLEMAS

Cuando te acatarras, tu nariz se suele congestionar y es posible que no puedas oler bien.

Además, a medida que las personas se hacen mayores, con frecuencia les cuesta reconocer los olores.

Algunas personas no pueden percibir ningún olor. Pueden haber perdido el sentido del olfato a causa de una lesión o de una enfermedad. A las personas que no tienen sentido del olfato les cuesta percibir el sabor de los alimentos.

Nuestros sentidos del olfato y del gusto están relacionados.

OLORES DESAGRADABLES

A veces, nuestro sentido del olfato nos dice cuando un alimento está **pasado**. Un alimento pasado huele mal. La leche pasada tiene un olor agrio. Cuando un alimento huele mal, no debemos comerlo ni beberlo.

Los autos echan un humo sucio y maloliente por los tubos de escape. En las ciudades donde hay mucho tráfico, el aire puede llegar a estar muy sucio. Cuando el aire está sucio, decimos que está **contaminado**.

En la populosa ciudad de Bangkok,
en Tailandia, el aire está muy contaminado.

¡PELIGRO!

El gas tiene un olor fuerte.

Algunos olores nos advierten de un peligro. Una fuga de **gas** puede causar una gran **explosión**. Si alguna vez te huele a gas, díselo de inmediato a un adulto.

Donde hay fuego, siempre hay humo. Cuando te huela a humo, díselo a un adulto o llama al 911 para que vengan los bomberos. Podrías salvarle la vida a alguien.

Los incendios son muy peligrosos.

LOS ANIMALES Y EL OLFATO

Los perros tienen un sentido del olfato extraordinario. Estos animales pueden percibir muchos olores que los seres humanos no pueden oler. Algunos perros están especialmente entrenados para usar su sentido del olfato y encontrar y rescatar a personas atrapadas en la nieve.

Los osos usan su sentido del olfato para encontrar alimento. El olfato de los osos polares es cien veces más sensible que el nuestro. Pueden sentir el olor de focas que están a más de 20 millas (32 kilómetros) de distancia.

LOS INSECTOS Y EL OLFATO

La mayoría de los insectos usan sus antenas para oler. Las antenas son los dos órganos delgados y largos que salen de la cabeza de un insecto.

Los insectos usan distintos olores para transmitirse información. Despiden un tipo de olor cuando están buscando **pareja**. Despiden otro tipo de olor cuando están buscando alimento.

Las catarinas usan sus antenas para oler y encontrar a los pequeños insectos que les gustan.

¿A QUÉ HUELE?

Haz un sencillo experimento para averiguar si tienes un buen sentido del olfato. Invita a tus amigos a participar. Asegúrate de que un adulto los ayude.

1. Reúne distintas cosas "olorosas". Aquí tienes algunas ideas:

naranjas
café molido o en grano
cebollas
chocolate
jabón
queso
velas aromáticas

2. Uno por uno, tápales los ojos con un pañuelo a tus amigos. Después, ve poniéndoles cada cosa cerca de la nariz. Pídeles que huelan el objeto y adivinen de qué se trata.

3. Ahora te toca adivinar a ti.

4. ¿Cuántas veces acertaste? ¿Te resultó más fácil adivinar algunos olores que otros?

GLOSARIO

contaminado: sucio o impuro, lleno de humo, de sustancias químicas nocivas o de desechos producidos por los seres humanos

explosión: separación violenta de algo en trozos, acompañada de mucho ruido y calor

fosas nasales: agujeros de la parte de abajo de la nariz, a través de los cuales entran el aire y los olores

gas: sustancia invisible, parecida al aire. Usamos el gas natural como combustible

identificar: reconocer un objeto o persona determinados

pareja: miembro de un conjunto de dos animales que pueden tener cría

pasado: que no se puede consumir porque está muy viejo o se ha podrido

oler: respirar por la nariz para reconocer distintos olores

olfato: sentido que se usa para percibir e identificar olores

olisquear: sensación que se percibe gracias al olfato

olores: sensaciones que se perciben gracias al olfato

sentido: facultad natural para recibir e identificar información mediante uno o más de los órganos receptores del cuerpo, como los oídos, los ojos, la nariz, la lengua y la piel. Los cinco sentidos son: oído, vista, olfato, gusto y tacto.

ÍNDICE